skola - isikole	2
ceļojums - ukuhamba	5
transports - izinto zokuhamba	8
pilsēta - idolobha	10
ainava - ingadi	14
restorāns - isitolo sokudlela	17
lielveikals - emakethe enkulu	20
dzērieni - iziphuzo	22
ēdiens - ukudla	23
zemnieku saimniecība - ifamu	27
māja - indlu	31
viesistaba - igumbi lokuhlala	33
virtuve - ikhishi	35
vannas istaba - igumbi lokugeza	38
bērnu istaba - igumbi lezingane	42
apģērbs - izimpahla	44
birojs - i-ofisi	49
ekonomika - umnotho	51
profesijas - imisebenzi	53
instrumenti - amathuluzi	56
mūzikas instrumenti - izinsimbi zomculo	57
zooloģiskais dārzs - esiqiwini	59
sports - imidlalo	62
darbības - imisebenzi	63
ģimene - umndeni	67
ķermenis - umzimba	68
slimnīca - isibhedlela	72
ārkārtas gadījums - izimo eziphuthumayo	76
zeme - Umhlaba	77
pulkstenis - iwashi	79
nedēļa - iviki	80
gads - unyaka	81
formas - amasheyphu	83
krāsas - imibala	84
pretstati - izinto ezingafani	85
skaitļi - izinombolo	88
Valodas - izilimi	90
kas / ko / kā - ubani / ini / kanjani	91
kur - kuphi	92

Impressum
Verlag: BABADADA GmbH, Nedderfeld 112 , 22529 Hamburg
Geschäftsführer / Verlagsleitung: Harald Hof
Druck: Books on Demand GmbH, In de Tarpen 42, 22848 Norderstedt

Imprint
Publisher: BABADADA GmbH, Nedderfeld 112 , 22529 Hamburg, Germany
Managing Director / Publishing direction: Harald Hof
Print: Books on Demand GmbH, In de Tarpen 42, 22848 Norderstedt

skola
isikole

- klases telpa / ikilasi
- dalīt / divayda
- tāfele / ibhodi
- skolas pagalms / igceke lesikole
- skolotājs / uthisha
- papīrs / iphepha
- rakstīt / bhala
- pildspalva / ipeni
- rakstāmgalds / ideski
- lineāls / irula
- grāmata / incwadi
- skolēns / umuntu

skolas soma
isikhwama

penālis
isikwama sepeni

zīmulis
ipensela

zīmuļu asināmais
umshini wokulola

dzēšgumija
irabha

zīmēšanas bloks
indawo yokudweba

zīmējums
ukudweba

ota
ibrashi lokupenda

krāsas
ibhokisi lokupenda

šķēres
isikelo

līme
inomfi

darba burtnīca
incwadi yesikole

mājas darbs
umsebenzi wasekhaya

skaitlis
inamba

saskaitīt
hlanganisa

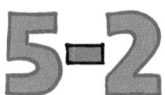

atņemt
susa

reizināt
phindaphinda

rēķināt
bala

burts
incwadi

alfabēts
izinhlamvu zamagama

vārds
igama

skola - isikole

teksts
umbhalo

lasīt
funda

krīts
ushoki

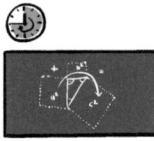
mācību stunda
isifundo

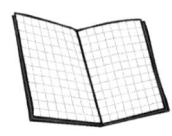
žurnāls
bhalisa

eksāmens
isivivinyo

liecība
isitifiketi

skolas forma
iyunifomu yesikole

izglītība
imfundo

enciklopēdija
i-encyclopedia

universitāte
inyuvesi

mikroskops
isibonakhulu

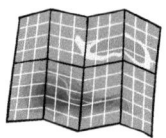
karte
ibalazwe

papīrgrozs
ibhaskidi yokulahla amaphepha

skola - isikole

ceļojums
ukuhamba

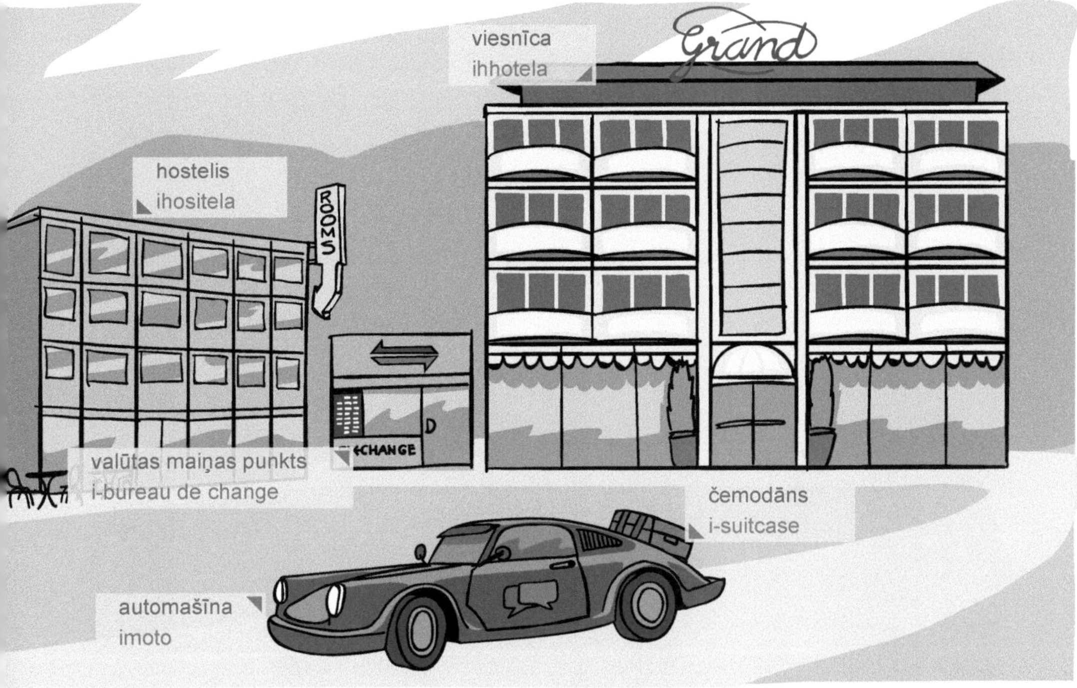

viesnīca
ihhotela
Grand
hostelis
ihositela
ROOMS
valūtas maiņas punkts
i-bureau de change
čemodāns
i-suitcase
automašīna
imoto

Valoda

ulimi

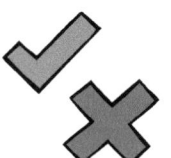

jā / nē

yebo / cha

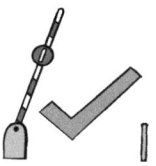

Okay

kulungile

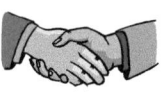

Sveiki!

sawubona

tulks

umhumushi

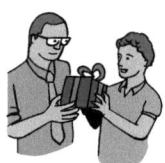

paldies

Ngiyabonga

Cik maksā...?
iyimalini i...?

Es nesaprotu
angiqondi

problēma
inkinga

Labvakar!
Intambama enhle!

Labrīt!
Sawubona!

Ar labu nakti!
Ulale kahle!

Uz redzēšanos
bye bye

virziens
isiqondiso

bagāža
izikhwama

soma
isikhwama

mugursoma
ubhakha

viesis
isivakashi

istaba
igumbi

guļammaiss
isikhwama sokulala

telts
ithende

tūrisma informācija
mininingwane yamathoristi

pludmale
ulwandle

kredītkarte
ikhadi lesikweletu

brokastis
ukudla kwasekuseni

pusdienas
ukudla kwasemini

vakariņas
ukudla kwasebusuku

biļete
ithikithi

lifts
i-lift

pastmarka
isitembu

robeža
ibhoda

muita
amasiko

vēstniecība
inxusa

vīza
ivisa

pase
iphasiphothi

ceļojums - ukuhamba

transports
izinto zokuhamba

lidmašīna
indiza

kuģis
iskebhe

ugunsdzēsēju mašīna
injini yomlilo

autobuss
ibhasi

kravas automašīna
iloli

motorlaiva
isikebhe senjini

velosipēds
isithuthuthu

automašīna
imoto

prāmis
isikebhe

laiva
isikebhe

motocikls
isithuthuthu

policijas automašīna
imoto yamaphoyisa

sacīkšu automobilis
imoto ejahayo

nomas auto
imoto eqashiwe

auto koplietošana
ukurenta imoto

evakuators
iloli eliphukile

atkritumu mašīna
ithrakhi

dzinējs
injini

benzīns
amafutha

degvielas uzpildes stacija
indawo yokuthela uphethiloli

ceļa zīme
uphawu lwethrafikhi

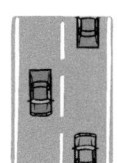

satiksme
ithrafikhi

sastrēgums
ithrafikhi enkulu

stāvvieta
indawo yokupaka izimoto

dzelzceļa stacija
isitashi sesitimela

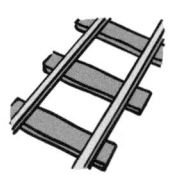

sliedes
amaloli

vilciens
isitimela

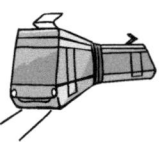

tramvajs
ithilamu

vagons
inqola

transports - izinto zokuhamba

helikopters
ihelikhoptha

lidosta
isikhungo sezindiza

tornis
umphongolo

pasažieris
iphasenja

konteiners
ikhonteyna

kaste
ikhathoni

ratiņi
inqola

grozs
ubhasikidi

pacelties / nosēsties
ukusuka / ukwehla

pilsēta
idolobha

ciems
isigodi

pilsētas centrs
i-city centre

māja
indlu

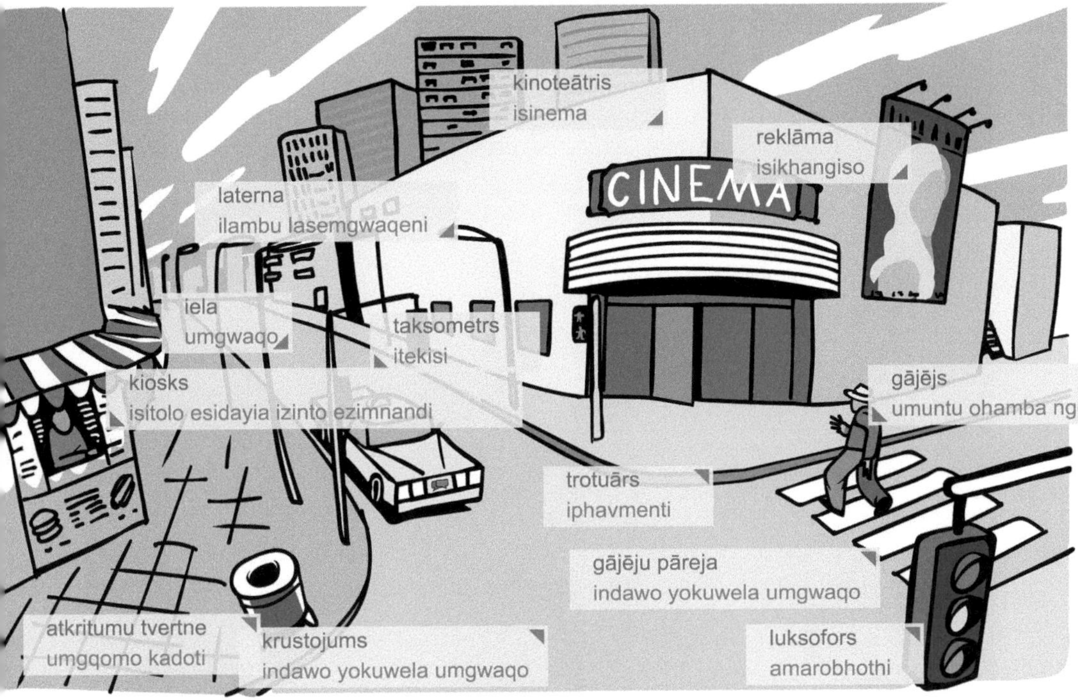

kinoteātris
isinema

reklāma
isikhangiso

laterna
ilambu lasemgwaqeni

iela
umgwaqo

taksometrs
itekisi

kiosks
isitolo esidayia izinto ezimnandi

gājējs
umuntu ohamba nge

trotuārs
iphavmenti

gājēju pāreja
indawo yokuwela umgwaqo

atkritumu tvertne
umgqomo kadoti

krustojums
indawo yokuwela umgwaqo

luksofors
amarobhothi

būda
indlu yodaka

dzīvoklis
i-flat

dzelzceļa stacija
isitashi sesitimela

rātsnams
i-town hall

muzejs
imuzilemu

skola
isikole

pilsēta - idolobha

universitāte
inyuvesi

banka
ibhange

slimnīca
isibhedlela

viesnīca
ihhotela

aptieka
ikhemisi

birojs
i-ofisi

grāmatnīca
isitolo sezincwadi

veikals
esitolo

ziedu veikals
istolo sezimbali

lielveikals
emakethe enkulu

tirgus
imakethe

tirdzniecības centrs
isitolo somnyango

zivju tirgotājs
i-fishmonger's

tirdzniecības centrs
isikhungo sezitolo

osta
isikhungo semikhumbi

pilsēta - idolobha

parks
ipaki

sols
ibhentshi

tilts
ibhuloho

kāpnes
izitezi

metro
ngaphansi komhlaba

tunelis
umhubhe

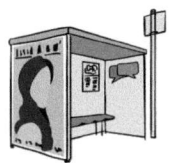

autobusa pieturvieta
istobhu sebhasi

bārs
i-bar

restorāns
isitolo sokudlela

pastkastīte
eposini

ielas nosaukuma plāksne
uphawu lwasemgwaqeni

stāvlaika skaitītājs
umshini wokukhokhela ukupaka

zooloģiskais dārzs
esiqiwini

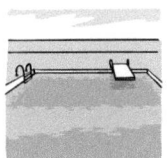

peldbaseins
indawo yokubhukuda

mošeja
i-mosque

pilsēta - idolobha

zemnieku saimniecība
ifamu

vides piesārņojums
ukungcola

kapsēta
amagcwaba

baznīca
isonto

spēļu laukums
igrawundi lokudlala

templis
ithempeli

ainava
ingadi

lapa
icembe

ceļrādis
mpambano mgwaqo

ceļš
indlela

pļava
idlelo

akmens
itshe

koks
isihlahla

ceļotājs
umqwali wezintaba

upe
umfula

zāle
utshani

puķe
imbali

ieleja
isigodi

kalns
intaba

ezers
ichibi

mežs
ihlathi

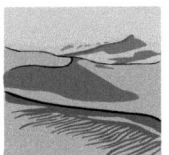

tuksnesis
ogwadule

vulkāns
intaba mlilo

pils
isigodlo

varavīksne
uthingo

sēne
ikhowe

palma
isihlahla sesundu

moskīts
umiyane

muša
ukundiza

skudra
intuthwane

bite
inyosi

zirneklis
isicabucabu

ainava - ingadi

vabole
ibhungane

varde
ixoxo

vāvere
i-squirrel

ezis
i-hedgehog

zaķis
unogwaja

pūce
isikhova

putns
izinyoni

gulbis
idada

meža cūka
intibane

briedis
inyamazane

alnis
i-moose

aizsprosts
idamu

vēja ģenerators
i-wind turbine

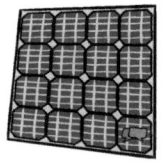
saules baterija
i-solar panel

klimats
isimo sezuiu

ainava - ingadi

restorāns
isitolo sokudlela

- viesmīlis / uweyita
- ēdienkarte / imenu
- krēsls / isihlalo
- zupa / isobho
- pica / i-pizza
- galda piederumi / ikhathilari
- galdauts / indwangu yasetafuleni

uzkoda
ukudla okulula

pamatēdiens
isidlo

deserts
idizethi

dzērieni
iziphuzo

ēdiens
ukudla

pudele
ibhodlela

restorāns - isitolo sokudlela

ātrās uzkodas
ukudla okulula

ielu uzkodas
ukudla okudayiswa emgwaqeni

tējkanna
ithiphothi

cukurtrauks
isitsha sikashukela

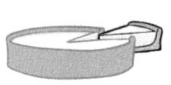

porcija
ingxenye

espresso kafijas automāts
umshini we-ekspreso

bāra krēsls
isitulo esiphezulu

rēķins
izindleko

paplāte
ithreyi

nazis
ummese

dakša
imfologo

karote
ispuni

tējkarote
ithispuni

salvete
indawo yokusula umlomo

glāze
igiiasi

restorāns - isitolo sokudlela

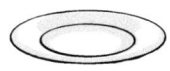

šķīvis
ipuleti

zupas šķīvis
ipuleti lesobho

apakštase
isoso

mērce
isosi

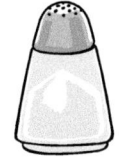

sāls trauciņš
isitsha sasawoti

piparu dzirnaviņas
isitsha sephepha

etiķis
uviniga

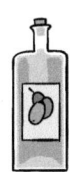

eļļa
amafutha

garšvielas
izinongo

kečups
isosi yetamatisi

sinepes
isosi yesinaphi

majonēze
imayonesi

restorāns - isitolo sokudlela

lielveikals

emakethe enkulu

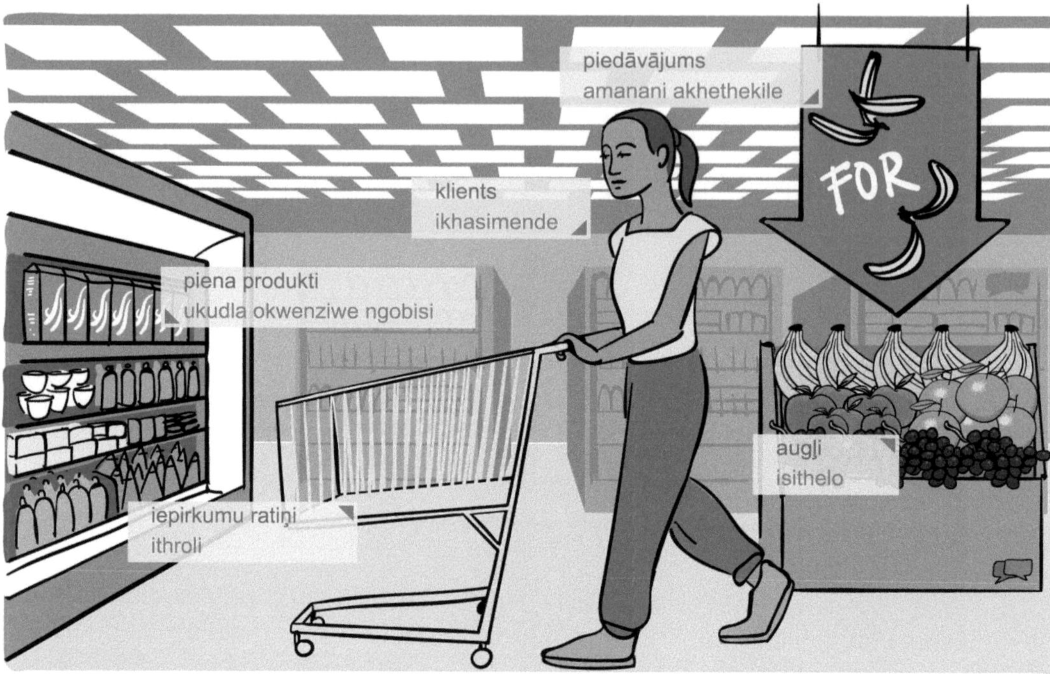

piedāvājums
amanani akhethekile
FOR
klients
ikhasimende
piena produkti
ukudla okwenziwe ngobisi
augļi
isithelo
iepirkumu ratiņi
ithroli

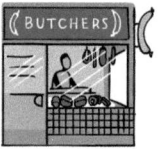

BUTCHERS

kautuve

ebhusha

BAKERY

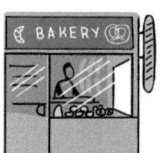

maizes veikals

isitolo esidayisa isinkwa

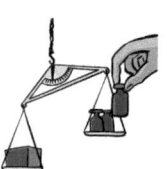

svērt

kala

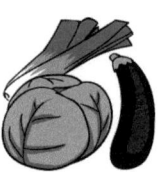

dārzeņi

amaveji

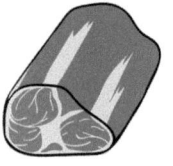

gaļa

inyama

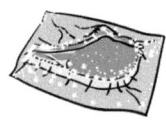

saldēti produkti

ukudla okubandayo

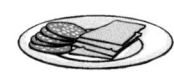
aukstās gaļas uzkodas
inyama ebandayo

konservi
ukudla okusethinini

pulveris
insipho yokuwasha enguphawuda

saldumi
oswidi

mājsaimniecības preces
izinto zasendlini

tīrīšanas līdzeklis
izinto zokuhlanza

pārdevēja
umuntu odayisayo

kase
ithili

kasieris
umbali wemali

iepirkumu saraksts
izinto okumelwe zithengwe

darba laiks
amahora okuvula

maks
uwolethi

kredītkarte
ikhadi lesikweletu

soma
isikhwama

maisiņš
isikwama sepulastiki

lielveikals - emakethe enkulu

dzērieni
iziphuzo

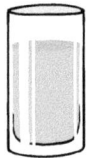
ūdens
amanzi

sula
ijusi

piens
ubisi

kola
i-coke

vīns
iwayini

alus
ubhiya

alkohols
utshwala

kakao
i-cocoa

tēja
itiye

kafija
ikhofi

espresso
i-ekspreso

kapučīno
ikhaphachino

ēdiens
ukudla

banāns
ubhanana

ābols
i-apula

apelsīns
i-olintshi

melone
ikhabe

citrons
ulamula

burkāns
ukherothi

ķiploks
ugaligi

bambuss
umhlanga

sīpols
u-anyanisi

sēne
ikhowe

rieksti
amakinati

makaroni
ama-noodle

spageti
isipagethi

rīsi
iraysi

salāti
isaladi

frī kartupeļi
ama-chips

cepti kartupeļi
amazambane athosiwe

pica
i-pizza

hamburgers
ibhega

sviestmaize
isendiwichi

šnicele
inyama engenathambo

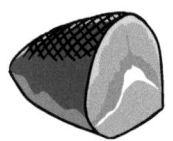

šķiņķis
ham

salami
salami

desa
isoseji

vista
inkukhu

cepetis
yosiwe

zivs
inhlanzi

ēdiens - ukudla

auzu pārslas
iphalishi le-oats

muslis
i-muesli

brokastu pārslas
ama-cornflakes

milti
uflulawa

radziņš
i-croissant

brokastu maizītes
isinkwa esiyiroli

maize
isinkwa

tostermaize
i-toast

cepumi
amabhiskidi

sviests
ibhotela

biezpiens
i-curd

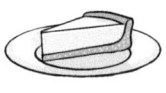

kūka
ikhekhe

ola
iqanda

cepta ola
iqanda elithosiwe

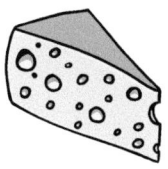

siers
ushizi

ēdiens - ukudla

saldējums	cukurs	medus
i-ice cream	ushukela	uju

marmelāde	riekstu krēms	karijs
ujamu	ispredi sikashokholedi	isitshulu

ēdiens - ukudla

zemnieku saimniecība
ifamu

zemnieka māja
indlu yasemafamu

šķūnis
i-barn

salmu rullis
utshani obomile

lauks
igceke

zirgs
ihhashi

piekabe
i-trailer

kumeļš
i-foal

traktors
ugandaganda

ēzelis
imbongolo

aita
imvu

jērs
imvu esencane

kaza
imbuzi

govs
inkomo

teļš
ithole

cūka
ingulube

sivēns
ingulube esencane

bullis
inkunzi

zoss
ihansi

pīle
idada

cālis
ichwane

vista
isikhukhukazi

gailis
iqhude

žurka
igundwane

kaķis
ikati

pele
igundwane

vērsis
inkabi

suns
inja

suņa būda
indlu yenja

dārza šļūtene
ipayipi lokunisela

lejkanna
ikani lokunisela

izkapts
ucelemba

arkls
igeja

zemnieku saimniecība - ifamu

sirpis
isikela

kaplis
ukhuba

mēslu dakša
imfoloko

cirvis
imbazo

ķerra
ibhala

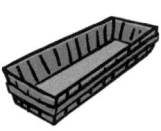

sile
umkhombe

piena kanna
ubusi olusekanini

maiss
isaka

žogs
ifensi

kūts
esitebhilini

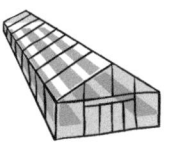

siltumnīca
i-greenhouse

augsne
inhlabathi

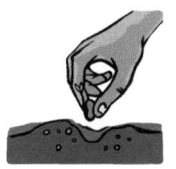

sēklas
imbewu

mēslojums
umanyolo

kombains
ukuvuna okuhlanganisiwe

zemnieku saimniecība - ifamu

novākt ražu
vuna

raža
isivuno

jamss
ama-yam

kvieši
ukolweni

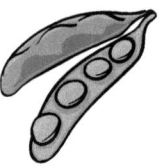
soja
umbhontshisi

kartupelis
amazambane

kukurūza
ummbila

rapsis
i-rapeseed

augļu koks
isihlahla sezithelo

manioka
umdumbula

labība
amasiriyeli

māja
indlu

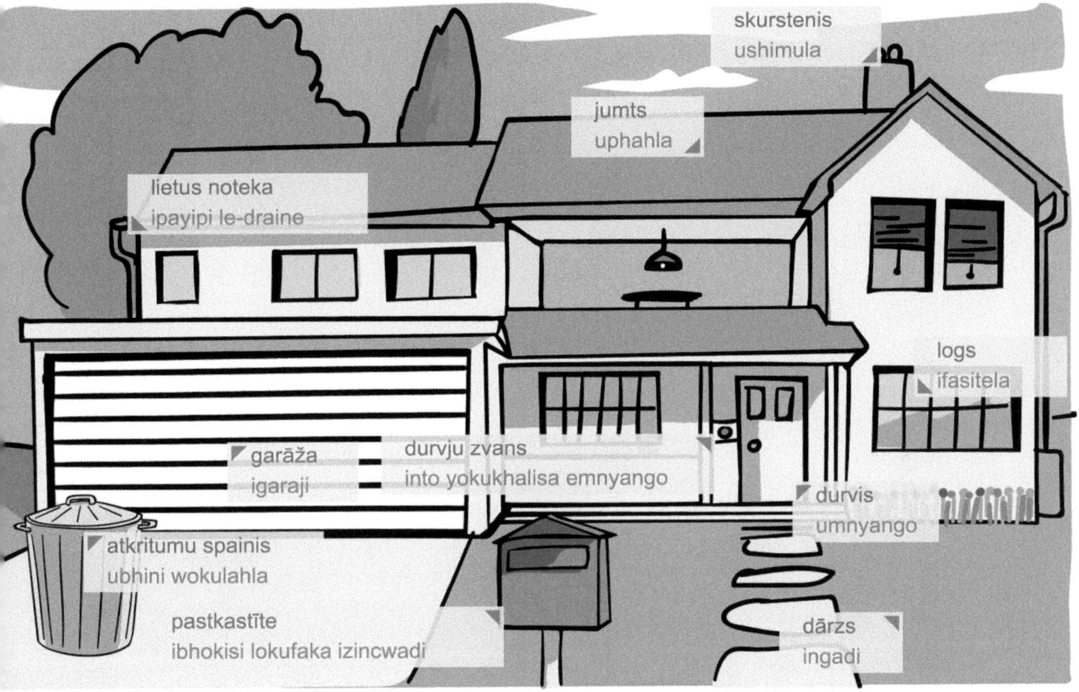

skurstenis
ushimula

jumts
uphahla

lietus noteka
ipayipi le-draine

logs
ifasitela

garāža
igaraji

durvju zvans
into yokukhalisa emnyango

durvis
umnyango

atkritumu spainis
ubhini wokulahla

pastkastīte
ibhokisi lokufaka izincwadi

dārzs
ingadi

viesistaba
igumbi lokuhlala

vannas istaba
igumbi lokugeza

virtuve
ikhishi

guļamistaba
igumbi lokulala

bērnu istaba
igumbi lezingane

ēdamistaba
igumbi lokudlela

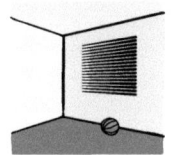
grīda
phansi

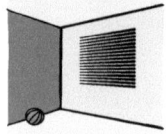
siena
udonga

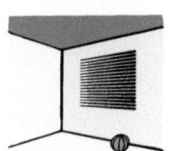
griesti
usilingi

pagrabs
i-cella

sauna
i-sauna

balkons
ibhalconi

terase
i-terrace

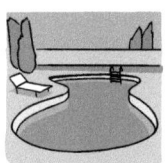
baseins
iphuli

zāles pļāvējs
umshin wokugunda utshani

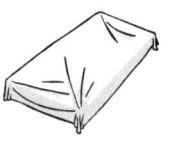
gultas veļa
ishidi

sega
ingubo yokulala

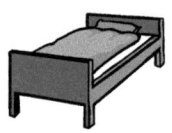
gulta
umbhede

slota
umshanelo

spainis
ibhakede

slēdzis
i-switch

māja - indlu

viesistaba
igumbi lokuhlala

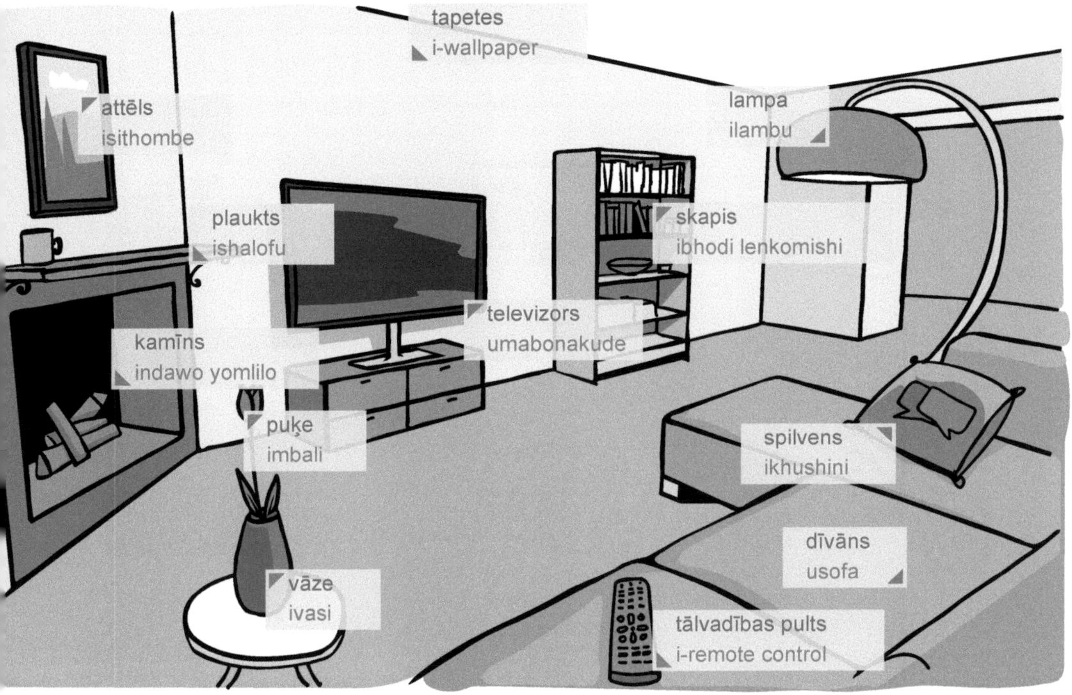

- tapetes / i-wallpaper
- attēls / isithombe
- lampa / ilambu
- plaukts / ishalofu
- skapis / ibhodi lenkomishi
- kamīns / indawo yomlilo
- televizors / umabonakude
- puķe / imbali
- spilvens / ikhushini
- vāze / ivasi
- dīvāns / usofa
- tālvadības pults / i-remote control

paklājs
ukhaphethe

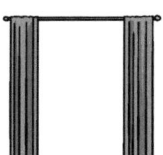

aizkars
ikhethini

galds
itafula

krēsls
isihlalo

šūpuļkrēsls
isihlalo esinyakazayo

atpūtas krēsls
isihlalo esingangengalo

grāmata incwadi	sega ingubo	dekorācija ukuhlobisa

malka izinkuni zokubasa	filma ifilimu	mūzikas centrs izinto ze-hi-fi

atslēga ukhiye	avīze iphephandaba	glezna ukupenda

plakāts iphosta	radio umsakazo	pierakstu blociņš i-notepad

putekļu sūcējs ihuva	kaktuss i-cactus	svece ikhandleia

viesistaba - igumbi lokuhlala

virtuve
ikhishi

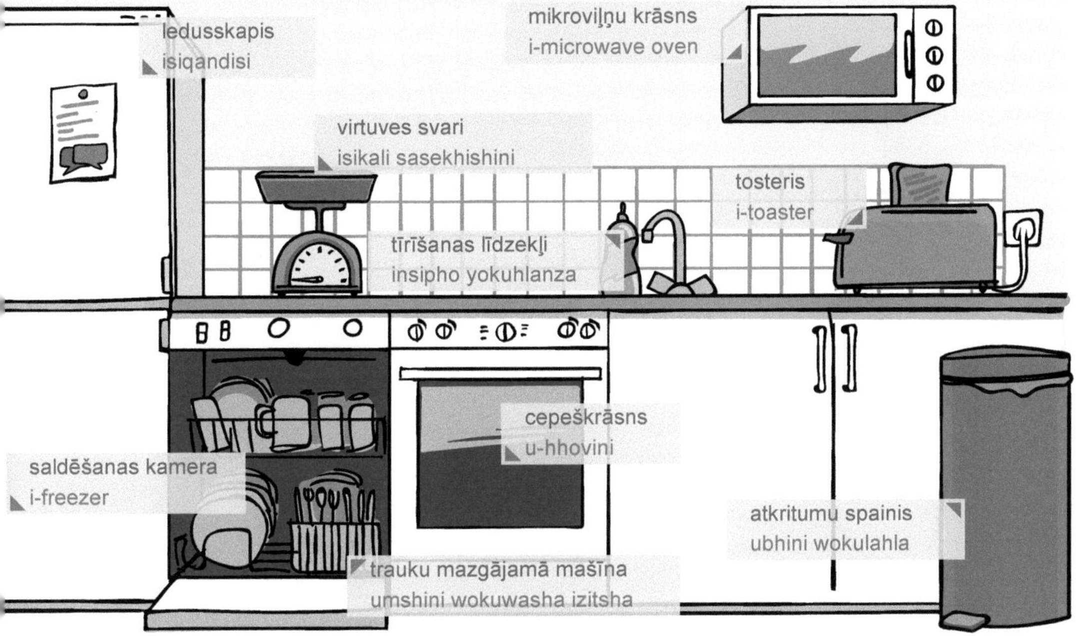

- ledusskapis / isiqandisi
- mikroviļņu krāsns / i-microwave oven
- virtuves svari / isikali sasekhishini
- tosteris / i-toaster
- tīrīšanas līdzekļi / insipho yokuhlanza
- saldēšanas kamera / i-freezer
- cepeškrāsns / u-hhovini
- atkritumu spainis / ubhini wokulahla
- trauku mazgājamā mašīna / umshini wokuwasha izitsha

plīts
umshini wokupheka

pods
ibhodwe

katls
ibhodwe le-cast iron

Wok panna
i-wok / kadai

panna
ipani

elektriskā tējkanna
iketela

tvaika katls
i-steamer

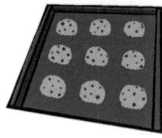

cepešpanna
ithreyi lokubhaka

trauki
izitsha zokudla

krūze
imaki

bļoda
isitsha

irbulīši
izinti zendwangu

kauss
isixembe sokuphaka

lāpstiņa
ispathula

putošanas slotiņa
i-whisk

sietiņš
i-strainer

siets
isisefo

rīve
igretha

piesta
isitsha sodaka

grilēt
i-barbecue

atklāts pavards
umiiio

36   virtuve - ikhishi

dēlis
ibhodi lokuqoba

mīklas rullis
ipini lokurola

korķu vilķis
iskrew

bundža
ikani

konservu nazis
into yokuvula ikani

virtuves cimdi
indwangu yokubamba ibhodwe

izlietne
usinki

birste
i-brush

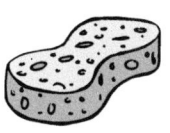
sūklis
isiponji

mikseris
ibhlenda

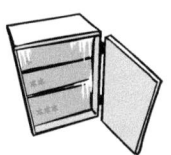
saldētava
i-deep freezer

bērna pudelīte
ibhodlela lengane

ūdenskrāns
umpompi

virtuve - ikhishi

vannas istaba
igumbi lokugeza

- duša / ishawa
- apkure / isifudumezo
- dvielis / ithawula
- dušas aizkari / ikhethini leshawa
- vannas putas / insipho yokugeza eyenza amagwebu
- vanna / ubhavu
- veļas mašīna / umshini wokuwasha
- glāze / igilasi
- flīzes / amathayizi
- ūdenskrāns / umpompi
- podiņš / ithoyilethi lezingane
- izlietne / usinki

tualetes pods
ithoyilethi

Āzijas tipa tualete
ithoyilethi oqoshama kuyo

bidē
ithoyilethi le-bidet

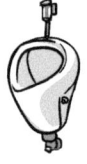

pisuārs
ithoyilethi lokuchama labesilisa

tualetes papīs
iphepha lasethoyilethi

tualetes birste
ibhrashi lasethoyilethi

zobu birste
ibhrashi lamazinyo

zobu pasta
insipho yamazinyo

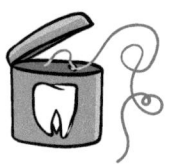
zobu diegs
into yokuvungula

mazgāt
washa

rokas duša
ishawa ebanjwa ngesandla

duša
uchatho

bļoda
u-basini

muguras mazgāšanas birste
ibrashi lomhlane

ziepes
insipho

dušas želeja
ijeli yeshawa

šampūns
ishampu

mazgāšanas drāna
ishethi lesikoshi

noteka
i-drain

krēms
ukhilimu

dezodorants
into yokugcoba amakhwapha

vannas istaba - igumbi lokugeza

spogulis
isibuko

spogulītis
isibuko esiphathwa ngesandla

skuveklis
ireyza

skūšanās putas
igwebu lokushefa

losjons pēc skūšanās
umuthi ogcotshwa ngemva kokushefa

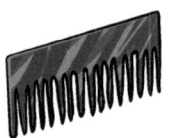
ķemme
ikama

matu suka
ibhrashi

matu fēns
into yokomisa izinwele

matu laka
ispreyi sezinwele

grima komplekts
i makeup

lūpu krāsa
into yokuqcoba umlomo

nagulaka
into yokususa upende wezinzıpho

vate
uwuli kakotini

šķērītes
isikelo sezinzipho

smaržas
isigqolo

vannas istaba - igumbi lokugeza

kosmētikas maks

isikhwama sezinto zokugeza

ķeblītis

isitulo

svari

isikali

halāts

ingubo yokugeza

tīrīšanas cimdi

amagilavu erabha

tampons

ithemponi

pakete

iphedi yasesikhathini

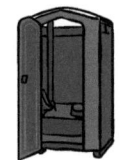

ķīmiskā tualete

ithoyilethi lekhemikhali

vannas istaba - igumbi lokugeza

bērnu istaba
igumbi lezingane

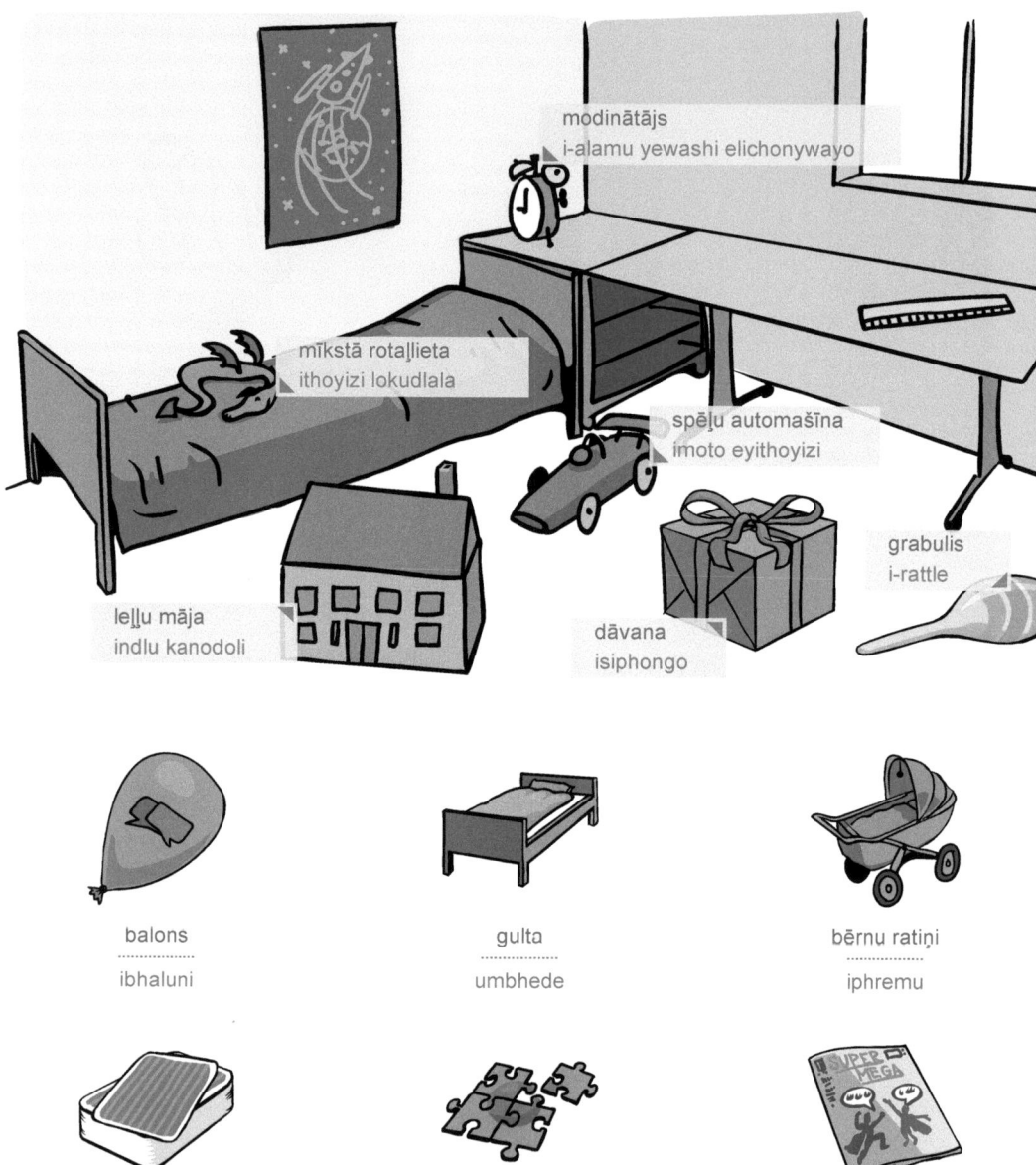

LEGO klucīši
amabrick elego

klucīši
amabhuloksi okwakha

varoņu figūra
unodoli weqhawe

rāpulītis
izimpahla zezingane

lidojošais šķīvītis
i-frisbee

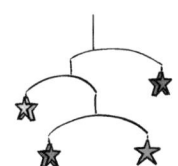

muzikālais karuselis
amathoyizi ezingane alengayo

galda spēle
ibhodi lokudlala igemu

metamais kauliņš
idayisi

rotaļu dzelzceļš
isethi yesitimela

māneklis
idemu

ballīte
iphathi

bilžu grāmata
incwadi yezithombe

bumba
ibhola

lelle
unodoli

spēlēt
dlala

bērnu istaba - igumbi lezingane

smilšu kaste
umgodi wenhlabathi

šūpoles
uzwinki

rotaļlietas
amathoyizi

spēļu konsole
umshini wamavidiyo geymu

trīsritenis
ibhayisikili elinemasondo
amathathu

plīša lācītis
uthedibhe

drēbju skapis
u-wardrobe

apģērbs
izimpahla

īszeķes
amasokisi

zeķes
amastokhingi

zeķbikses
amathayithi

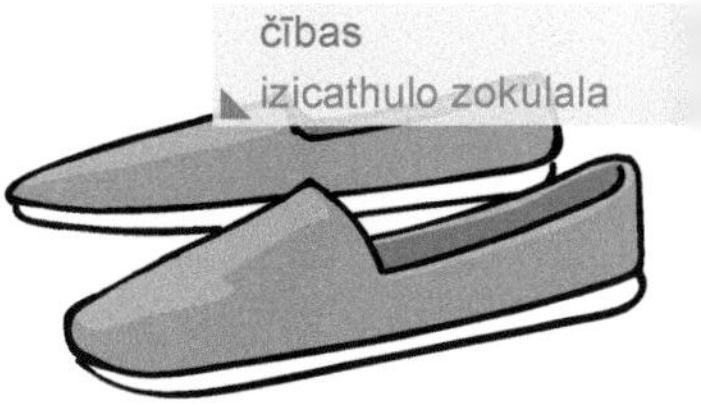

šalle
isikhafu

lietussargs
i-amburela

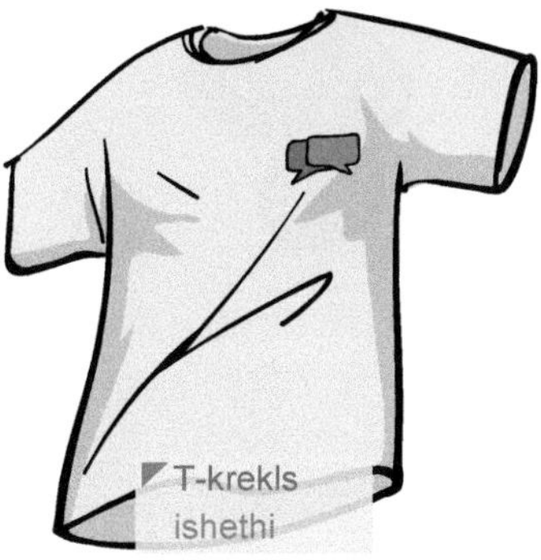

T-krekls
ishethi

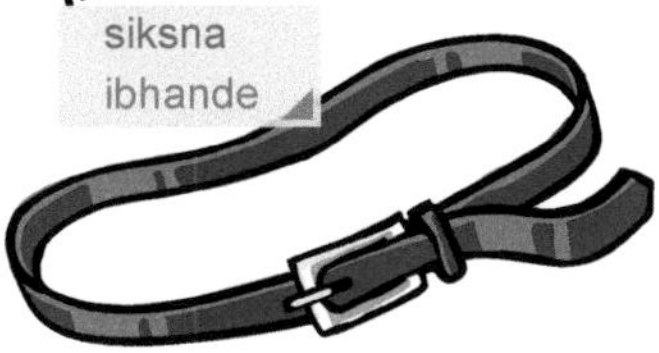

siksna
ibhande

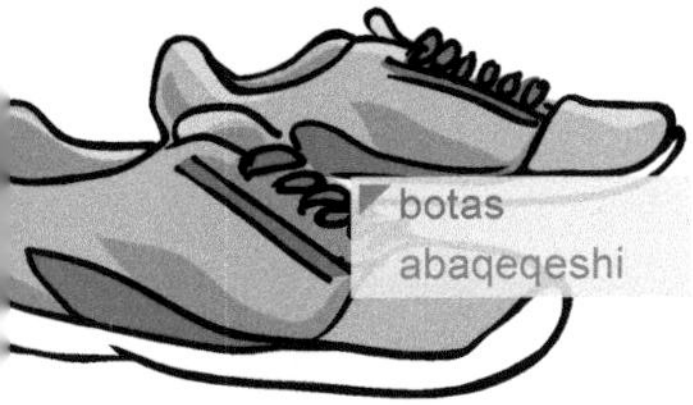

zābaks
amabhuthi

čības
izicathulo zokulala

botas
abaqeqeshi

sandales
amasandali

kurpes
izicathulo

gumijas zābaki
amabhuthi erabha

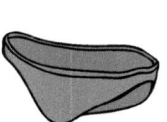
apakšbikses
iphenti

krūšturis
u-bra

apakškrekls
ivesti

apģērbs - izimpahla

bodijs
umzimba

bikses
amabhulukwe

džinsi
amajini

svārki
isiketi

blūze
isikibha

krekls
ishethi

pulovers
ijezi elinezigqoko

džemperis
i-hoodie

žakete
ibhuleyiza

jaka
ijakhethi

mētelis
ijazi

lietus mētelis
i-raincoat

kostīms
ikhosyumu

kleita
ingubo

kāzu kleita
ingubo yomshado

apģērbs - izimpahla

uzvalks
isudu

naktskrekls
ingubo yokulala

pidžama
amaphijama

sari
ingubo yesari

lakats
isikhafu

turbāns
isigqoko se-turban

burka
ibhukha

kaftāns
ingubo yekaftani

abaja
abaya

peldkostīms
impahla yokubhukuda

peldbikses
amathranki

šorti
isikhindi

treniņtērps
i-tracksuit

priekšauts
ingubo yokupheka

cimdi
amagilavu

apģērbs - izimpahla

poga
ibhathini

brilles
izibuko

rokassprādze
ibhengela

kaklarota
umgexo

gredzens
indandatho

auskars
amacici

cepure
ikepisi

drēbju pakaramais
into yokuhenga ijazi

platmale
isigqoko

kaklasaite
uthayi

rāvējslēdzējs
uziphu

ķivere
ihelmethi

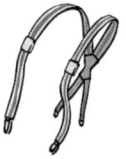

bikšturi
ama-braces

skolas forma
iyunifomu yesikole

uniforma
iyunifomu

apģērbs - izimpahla

priekšautiņš
ibhayi lengane

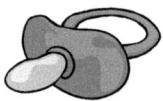
māneklis
idemu

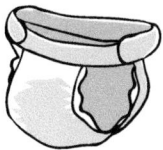
autiņbiksītes
inabukeni

birojs
i-ofisi

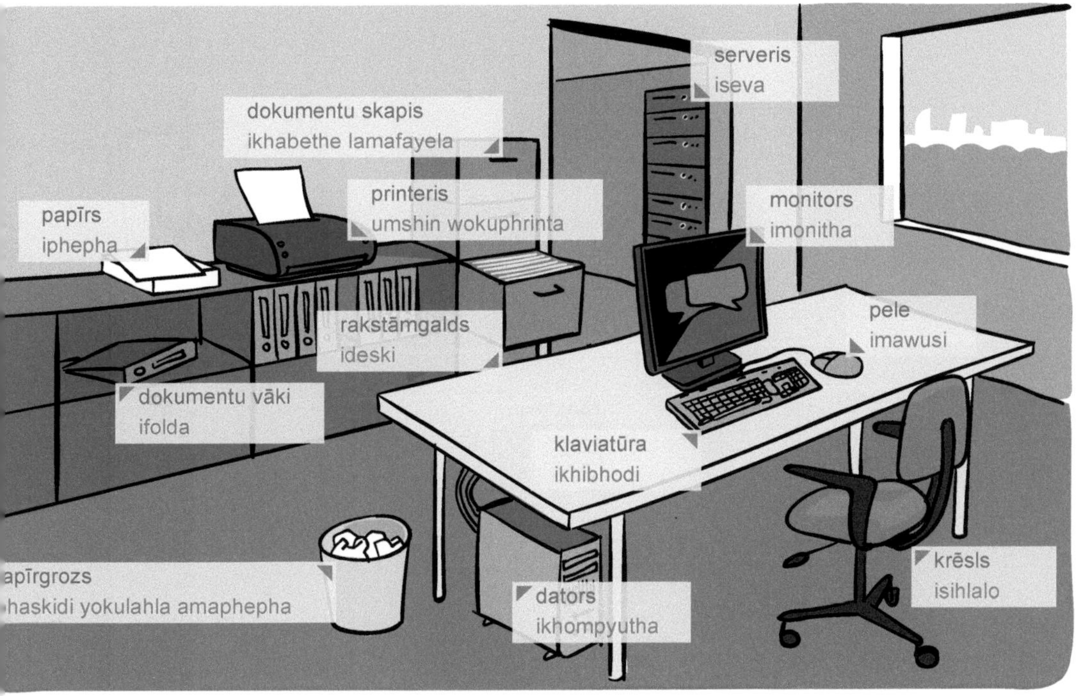

- serveris — iseva
- dokumentu skapis — ikhabethe lamafayela
- printeris — umshin wokuphrinta
- monitors — imonitha
- papīrs — iphepha
- rakstāmgalds — ideski
- pele — imawusi
- dokumentu vāki — ifolda
- klaviatūra — ikhibhodi
- krēsls — isihlalo
- apīrgrozs — haskidi yokulahla amaphepha
- dators — ikhompyutha

kafijas krūze
imagi yekhofi

kalkulators
ikhalkhuletha

internets
i-inthanethi

portatīvais dators
ilephuthophu

vēstule
incwadi

ziņa
umyalezo

mobilais tālrunis
ifoni

tīkls
inethiwekhi

kopētājs
ifothokhophi

programmatūra
i-software

telefons
ucingo

rozete
indawo yokupulaka

faksa aparāts
umshini wokufeksa

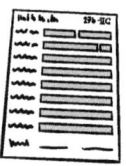
formulārs
ifomu

dokuments
idokhumenti

birojs - i-ofisi

ekonomika
umnotho

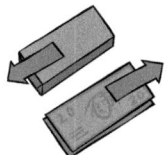

pirkt

thenga

samaksāt

khokha

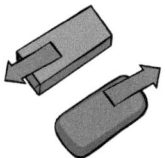

tirgot

shintshana

nauda

imali

dolārs

idola

eiro

i-euro

jēna

iyen

rublis

i-rouble

franks

iSwiss franc

juaņa renminbi

i-renminbi yuan

rūpija

i-rupee

bankomāts

umshini wokukhipha imali

valūtas maiņas punkts i-bureau de change	zelts igolide	sudrabs isiliva

nafta amafutha	enerģija amandla	cena inani lemali
		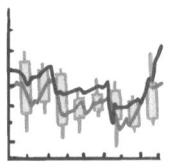
līgums ukuxhumana	nodoklis intela	akcija isitokwe

strādāt sebenza	darbinieks isisebenzi	darba devējs umqashi

fabrika ifekthri	veikals esitolo	

ekonomika - umnotho

profesijas
imisebenzi

policists — iphoyisa

ugunsdzēsējs — indoda ecisha umlilo

pavārs — pheka

ārsts — udokotela

pilots — umshayeli wezindiza

dārznieks
umuntu onakekela ingadi

galdnieks
umbazi

šuvēja
umthungi

tiesnesis
ijaji

ķīmiķis
umuntu osebenza ekhemisi

aktieris
umlingisi

autobusa vadītājs
umshayeli webhasi

taksometra vadītājs
umshayeli wetekisi

zvejnieks
indoda edoba izinhlanzi

apkopēja
owesifazane ohlanzayo

jumiķis
umuntu olungisa uphahla

viesmīlis
uweyita

mednieks
umzingeli

gleznotājs
umuntu opendayo

maiznieks
umbhaki

elektriķis
umuntu osebenza ngogesi

celtnieks
umakhi

inženieris
unjiniyela

miesnieks
indawo edayisa inyama

skārdnieks
umuntu osebenza ngamapayipi

pastnieks
indoda yaseposini

profesijas - imisebenzi

karavīrs
isosha

arhitekts
umdwebi wezakhiwo

kasieris
umbali wemali

florists
umuntu otshala izimbali

frizieris
umuntu owenza izinwele

konduktors
umqondisi wasesitimeleni

mehāniķis
umakhenikha

kapteinis
ukaputeni

zobārsts
udokotela wamazinyo

zinātnieks
usosayensi

rabīns
urabi

imāms
imam

mūks
indela

mācītājs
umfundisi

profesijas - imisebenzi

instrumenti
amathuluzi

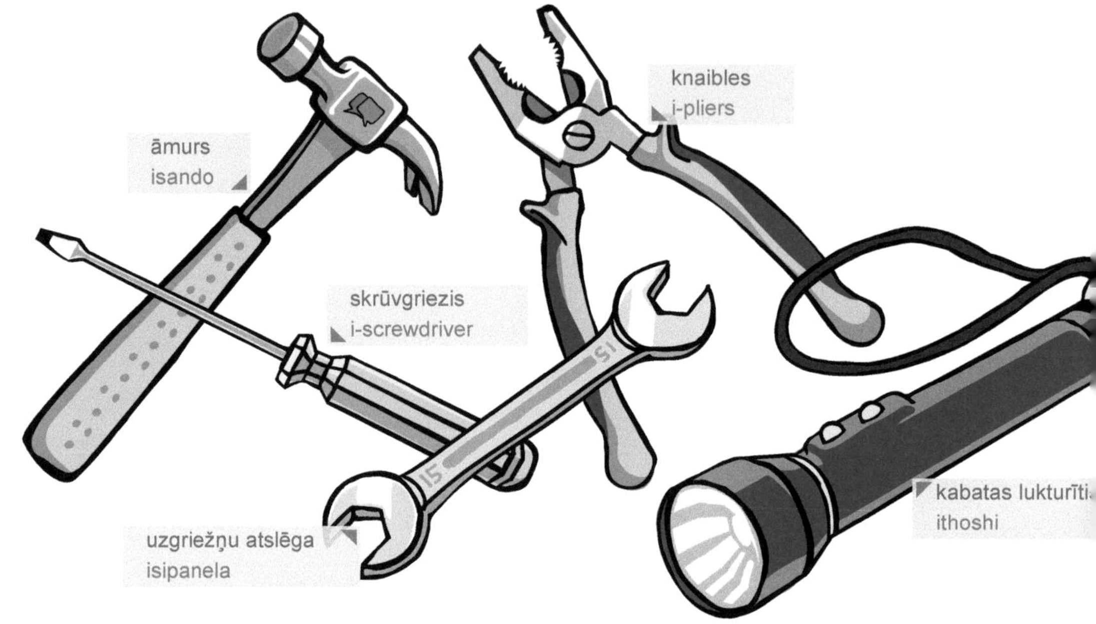

āmurs
isando

knaibles
i-pliers

skrūvgriezis
i-screwdriver

uzgriežņu atslēga
isipanela

kabatas lukturīti
ithoshi

ekskavators
umshini wokumba

instrumentu kaste
ibhokisi lamathuluzi

kāpnes
isitebhisi

zāģis
isaha

naglas
izinzipho

urbis
i-drill

remontēt
lungisa

lāpsta
ifosholo

Velns!
Damethi!

liekšķere
idastipheni

krāsas bundža
ithini likapende

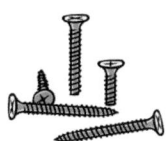
skrūves
i-screws

mūzikas instrumenti
izinsimbi zomculo

bungas
ikhithi yamadramu

skaļrunis
ispikha esinomsindo omkhulu

ģitāra
isiginci

kontrabass
isiginci i-double bass

trompete
icilongo

klavieres
ipiyano

vijole
ivayolini

bass
i-bass

timpāni
ithimpani

bungas
amadramu

digitālās klavieres
i-keyboard

saksofons
i-saxophone

flauta
umtshingo

mikrofons
imakhrofoni

mūzikas instrumenti - izinsimbi zomculo

zooloģiskais dārzs
esiqiwini

ieeja / indawo yokungena
tīģeris / ingwe
būris / ikheji
zebra / idube
dzīvnieku barība / ukudla kwezilwane
panda / iphanda

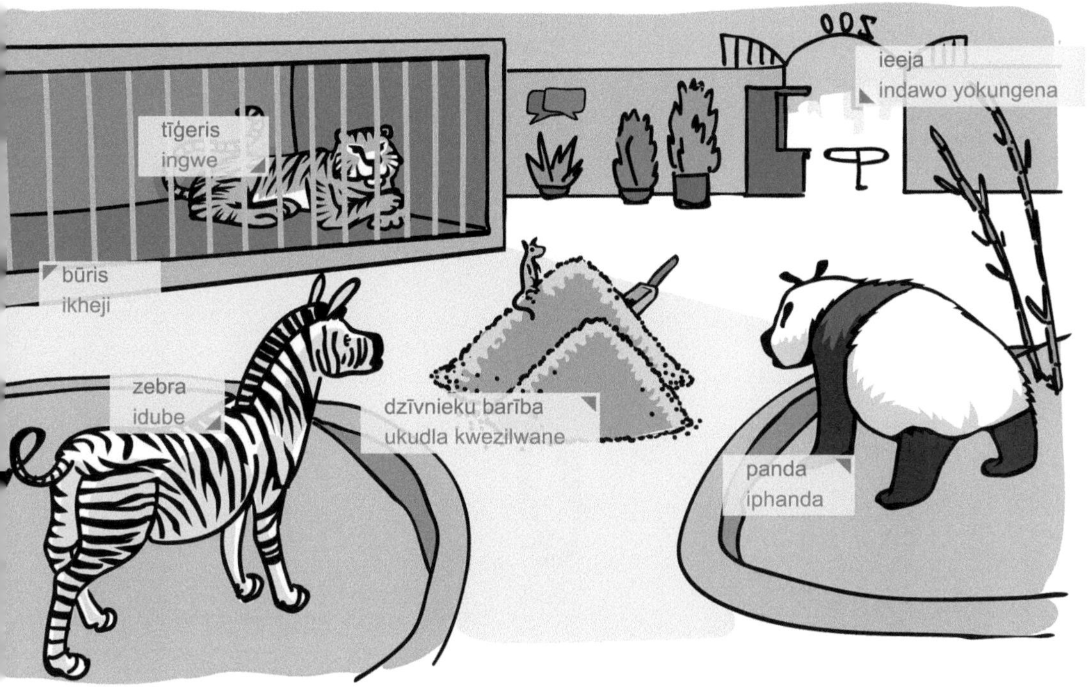

dzīvnieki
izilwane

zilonis
indlovu

ķengurs
ikhangaru

degunradzis
ubhejane

gorilla
igorila

lācis
ibhele

zooloģiskais dārzs - esiqiwini

kamielis
ikamela

strauss
intshe

lauva
ingonyama

pērtiķis
inkawu

flamings
i-flamingo

papagailis
upholi

polārlācis
ibhele laseqhweni

pingvīns
iphenguwini

haizivs
ushaka

pāvs
ipigogo

čūska
inyoka

krokodils
ingwenya

zoodārza sargs
umgcini wezilwane

ronis
isilwane saseqhweni

jaguārs
ijaguwa

zooloģiskais dārzs - esiqiwini

ponijs
iponi

leopards
ingwe

nīlzirgs
imvubu

žirafe
indlulamithi

ērglis
ukhozi

meža cūka
intibane

zivs
inhlanzi

bruņurupucis
ufudu

valzirgs
i-walrus

lapsa
ujakalase

gazele
inyamazane igazele

zooloģiskais dārzs - esiqiwini

sports
imidlalo

darbības
imisebenzi

- smieties / hleka
- lēkt / gxuma
- apskaut / haga
- iet / hamba
- dziedāt / cula
- sapņot / phupha
- lūgt / thandaza
- skūpstīt / cabuza

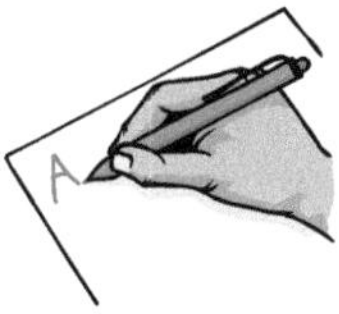

rakstīt
bhala

zīmēt
dweba

rādīt
bonisa

spiest
phusha

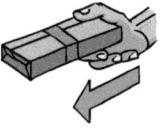

dot
nikeza

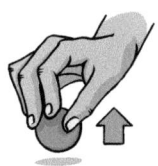

ņemt
thatha

darbības - imisebenzi

būt
yiba

darīt
yenza

būt
yiba

stāvēt
sukuma

skriet
gijima

vilkt
donsa

mest
phonsa

krist
yiwa

gulēt
amanga

gaidīt
linda

nest
thwala

sēdēt
hlala

uzģērbt
gqoka

gulēt
lala

pamosties
vuka

darbības - imisebenzi

skatīties
bukela

raudāt
khala

glāstīt
qhweba

ķemmēt
kama

runāt
khuluma

saprast
qonda

jautāt
buza

dzirdēt
lalela

dzert
phuza

ēst
idla

sakārtot
coca

mīlēt
thanda

vārīt
pheka

braukt
shayela

lidot
ndiza

darbības - imisebenzi

burot
hamba ngomkhumbi

rēķināt
bala

lasīt
funda

mācīties
funda

strādāt
sebenza

precēties
shada

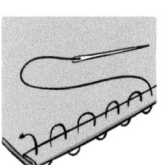

šūt
thunga

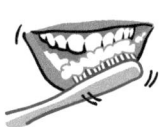

tīrīt zobus
geza amazinyo

nogalināt
bulala

smēķēt
bhema

sūtīt
thumela

darbības - imisebenzi

ģimene
umndeni

vecāmāte
ugogo

vectēvs
umkhulu

tēvs
ubaba

māte
umama

mazulis
ingane

meita
indodakazi

dēls
indodana

viesis
isivakashi

tante
u-anti

onkulis
umalume

brālis
umfowethu

māsa
udadewethu

ķermenis
umzimba

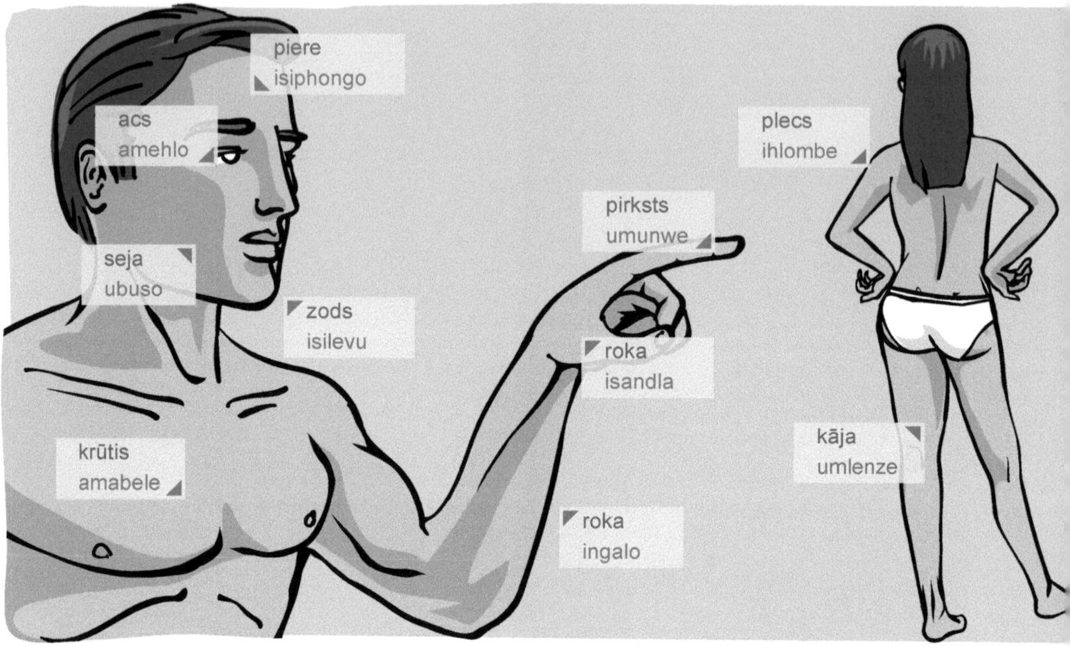

piere / isiphongo	acs / amehlo	seja / ubuso
zods / isilevu	krūtis / amabele	pirksts / umunwe
roka / isandla	roka / ingalo	plecs / ihlombe
kāja / umlenze		

mazulis
ingane

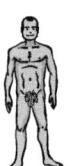

vīrietis
indoda

sieviete
owesifazane

meitene
intombazane

zēns
umfana

galva
ikhanda

ķermenis - umzimba

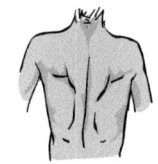

mugura
umhlane

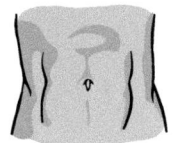

vēders
isisu

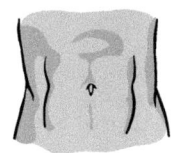

naba
inkaba

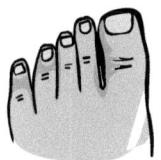

kājas pirksts
izinzwane

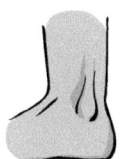

papēdis
isithende

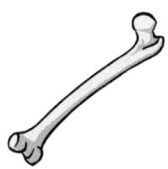

kauls
ithambo

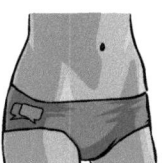

gurns
inqulu

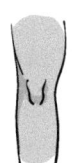

celis
idolo

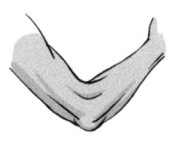

elkonis
indololwane

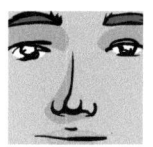

deguns
ikhala

dibens
ingenzansi

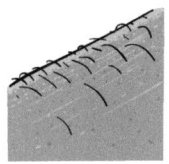

āda
isikhumba

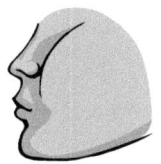

vaigs
iziqhomo

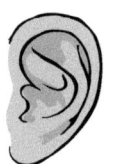

auss
indlebe

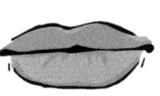

lūpa
udebe

ķermenis - umzimba

mute
umlomo

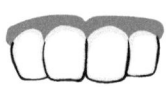

zobs
amazinyo

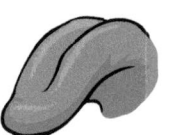

mēle
ulimu

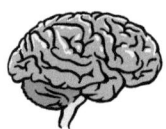

smadzenes
ingqondo

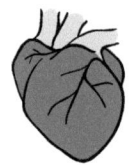

sirds
inhliziyo

muskulis
imasela

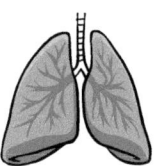

plaušas
uphaphe

aknas
isibindi

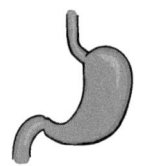

kuņģis
isisu

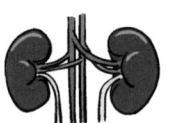

nieres
izinso

dzimumakts
ucansi

kondoms
ikhondomu

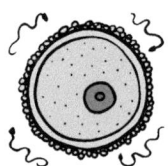

olšūna
iqanda

sperma
isidoda

grūtniecība
ukukhulelwa

ķermenis - umzimba

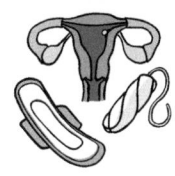
menstruācijas
ukuya esikhathini

vagīna
imomozi

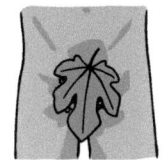
penis
umthondo

uzacs
ishiya

mati
izinwele

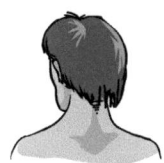
kakls
intamo

ķermenis - umzimba

slimnīca
isibhedlela

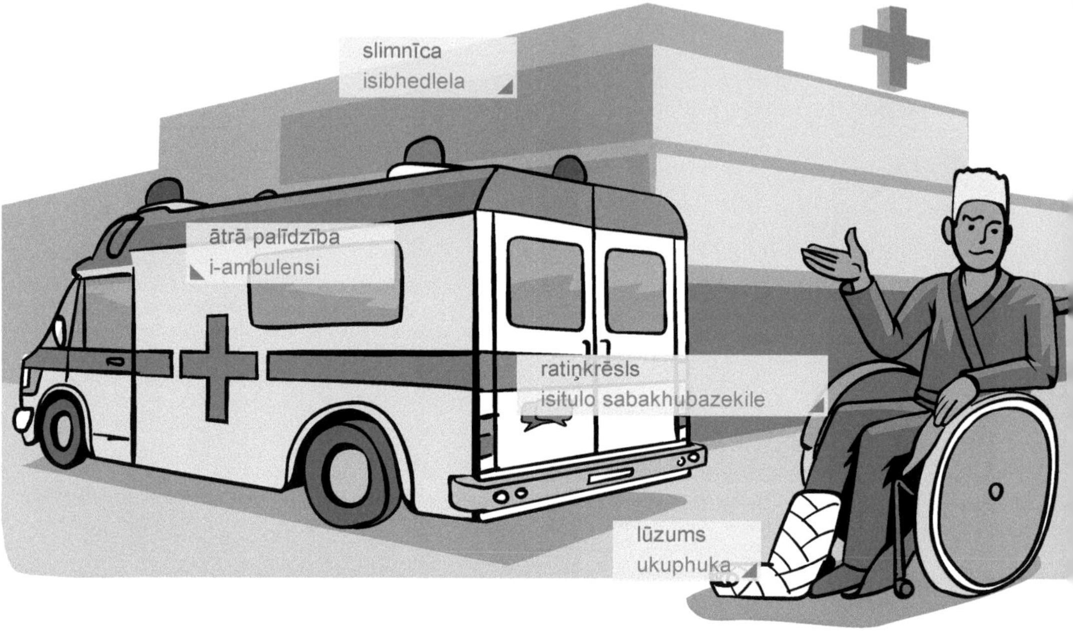

slimnīca
isibhedlela

ātrā palīdzība
i-ambulensi

ratiņkrēsls
isitulo sabakhubazekile

lūzums
ukuphuka

ārsts
udokotela

neatliekamās palīdzības nodaļa
igumbi leziguli ezidinga ukwelashwa

medmāsa
umhlengikazi

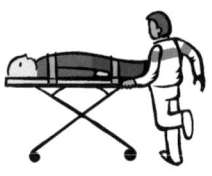

ārkārtas gadījums
izimo eziphuthumayo

paģībis
ukuquleka

sāpes
ubuhlungu

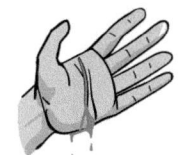 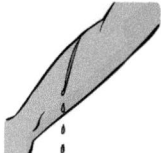 

ievainojums	asiņošana	sirdslēkme
ukulimala	ukopha	isifo senhliziyo

insults	alerģija	klepus
ukushaywa unhlangothi	ukungazwani komzimba nezinto ezithile	ukukhwehlela

temperatūra	gripa	caureja
imfiva	umkhuhlane	ukuhuda

  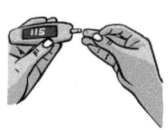

galvassāpes	vēzis	diabēts
ukuphathwa ikhanda	umdlavuza	isifo sikashukela

ķirurgs	skalpelis	operācija
udokotela ohlinzayo	isikalpheli	ukuhlinzwa

slimnīca - isibhedlela

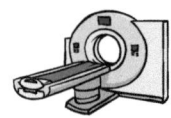
datortomogrāfija
CT

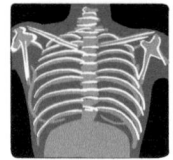
rentgents
i-x-ray

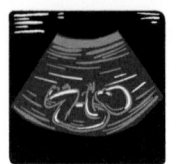
ultraskaņa
i-ultrasound

sejas maska
imaskhi yasebusweni

slimība
isifo

uzgaidāmā telpa
igumbi lokulinda

kruķis
izinduko zokuhamba

plāksteris
iplasta

apsējs
ibhandishi

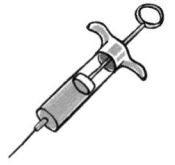
injekcija
umjovo

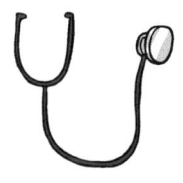
stetoskops
izipopolo zikadokotela

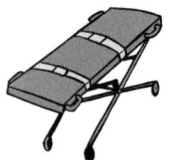
nestuves
i-stretcher

termometrs
umshini okala izinga lokushisa

dzemdības
ukubeletha

liekais svars
ukukhuluphala ngokweqile

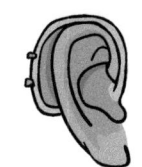
dzirdes aparāts
insizwa yokuzwa

dezinfekcijas līdzeklis
ukungatheleleki

infekcija
ukutheleleka

vīruss
ivariyasi

HIV / AIDS
HIV / AIDS

zāles
umuthi

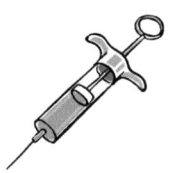
pote
umgomo

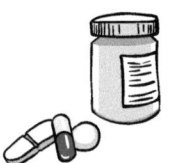
tabletes
amaphilisi

pretapaugļošanās tablete
amaphilisi

ārkārtas izsaukums
ucingo oluphuthumayo

asinsspiediena mērītājs
umshini okala umfutho wegazi

slims / vesels
ukugula / ukuba umqemane

slimnīca - isibhedlela

ārkārtas gadījums
izimo eziphuthumayo

Palīgā!   trauksme   uzbrukums
Sizani!   i-alamu   ukuhlasela

uzbrukums   bīstamība   avārijas izeja
ukuhlasela   ingozi   indawo yokubalekela ngaphansi kwezimo eziphuthumayo

Uguns!   ugunsdzēšamais aparāts   negadījums
Umlimo!   isicimamlilo   ingozi

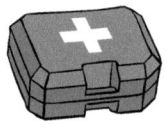

pirmās palīdzības aptieciņa   SOS   policija
ikhithi yosizo lokuqala   SOS   amaphoyisa

zeme
Umhlaba

Eiropa
Europe

Ziemeļamerika
North America

Dienvidamerika
South America

Āfrika
Africa

Āzija
Asia

Austrālija
Australia

Atlantijas okeāns
Atlantic

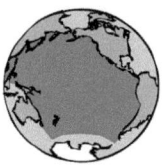
Klusais okeāns
Pacific

Indijas okeāns
Indian Ocean

Dienvidu okeāns
Antarctic Ocean

Ziemeļu ledus okeāns
Arctic Ocean

Ziemeļpols
North Pole

zeme - Umhlaba

Dienvidpols
South Pole

Antarktika
Antarctica

zeme
Umhlaba

zeme
umhlaba

jūra
izilwandle

sala
isiqhingi

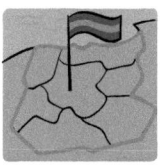
nācija
izwe

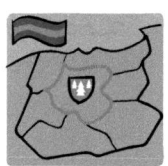
valsts
inhlangano engokomthetho

pulkstenis
iwashi

ciparnīca
ubuso bewashi

stundu rādītājs
isandla sehora

minūšu rādītājs
isandla semizuzu

sekunžu rādītājs
isandla sesibili

Cik ir pulkstenis?
Ubani isikhathi?

diena
usuku

laiks
isikhathi

tagad
manje

digitālais pulkstenis
iwashi lezibalo

minūte
umzuzu

stunda
ihora

nedēļa
iviki

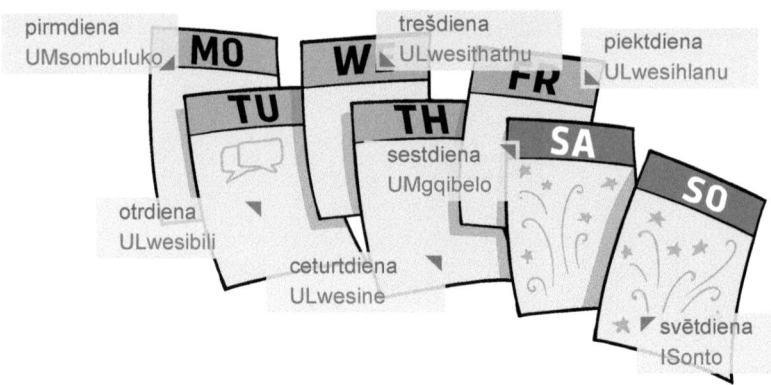

pirmdiena
UMsombuluko

trešdiena
ULwesithathu

piektdiena
ULwesihlanu

otrdiena
ULwesibili

ceturtdiena
ULwesine

sestdiena
UMgqibelo

svētdiena
ISonto

vakardien
izolo

šodien
namhlanje

rītdien
kusasa

rīts
ekuseni

pusdienlaiks
emini

vakars
ntambama

darbadienas
izinsuku zeviki

brīvdienas
impelasonto

gads
unyaka

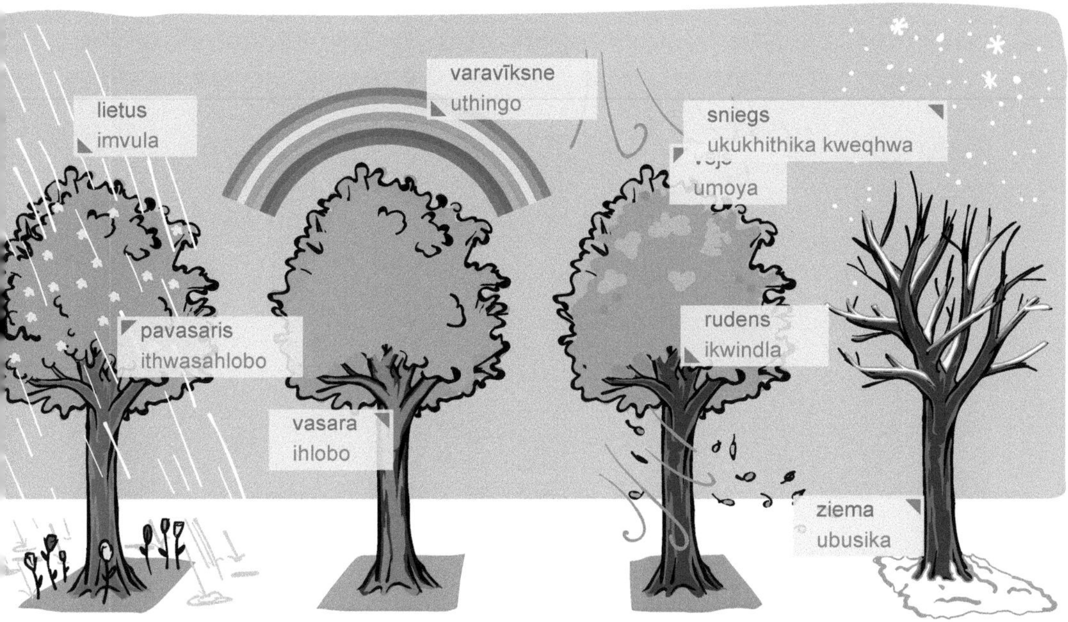

lietus
imvula

varavīksne
uthingo

sniegs
ukukhithika kweqhwa

vējš
umoya

pavasaris
ithwasahlobo

vasara
ihlobo

rudens
ikwindla

ziema
ubusika

laika prognoze
isimo sezulu

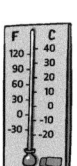

termometrs
umshini wezinga lokushisa

saules gaisma
ukushisa kwelanga

mākonis
amafu

migla
inkungu

gaisa mitrums
umswakama

gads - unyaka

zibens
ummbani

pērkons
ukuduma kwezulu

vētra
isiphepho

krusa
isichotho

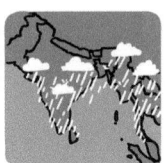
musons
imvula enkulu

plūdi
izikhukhula

ledus
iqhwa

janvāris
UMasingana

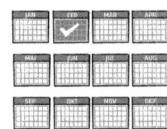
februāris
UNhlolanja

marts
UNdasa

aprīlis
UMbasa

maijs
UNhlaba

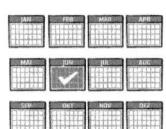
jūnijs
UNhlangulana

jūlijs
UNtulikazi

augusts
UNcwaba

gads - unyaka

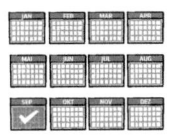
septembris
UMandulo

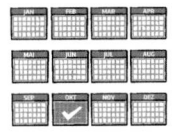
oktobris
UMfumfu

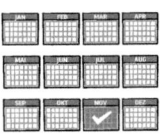
novembris
ULwezi

decembris
UZibandlela

formas
amasheyphu

aplis
indilinga

kvadrāts
isikwele

četrstūris
unxande

trīsstūris
unxantathu

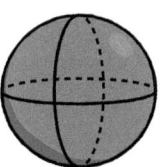
lode
i-sphere

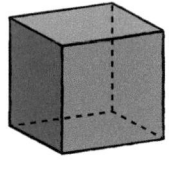
kubs
i-cube

krāsas
imibala

balts
kumhlophe

dzeltens
kuphuzi

oranžs
ku-olenji

sārts
kuphinki

sarkans
kumbomvu

lillā
kuphephuli

zils
kuluhlaza okwesibhakabhaka

zaļš
kuluhlaza

brūns
kubhrawuni

pelēks
kuphashile

melns
kumnyama

pretstati
izinto ezingafani

daudz / maz
kakhulu / kancane

saniknots / miermīlīgs
ukucasuka / ubumnene

skaists / neglīts
ubuhle / ububi

sākums / beigas
isiqalo / isiphetho

liels / mazs
kukhulu / kuncane

gaišs / tumšs
kuyakhanya / kumnyama

brālis / māsa
umfowethu / udadewethu

tīrs / netīrs
ukuhlanzeka / ukungcola

pilnīgs / nepilnīgs
ukuphelela / ukungapheleli

diena / nakts
imini / ubusuku

miris / dzīvs
ukufa / ukuphila

plats / šaurs
ukuvuleka / ukunyinyeka

baudāms / nebaudāms
okudliwayo / okungadliwa

nikns / laipns
ukukhohlakala / umusa

satraukts / garlaikots
ukujabula / isithukuthezi

resns / tievs
ukunona / ukuzaca

pirmais / pēdējais
ukuqala / ukugcina

draugs / ienaidnieks
umngane / isitha

pilns / tukšs
ukugcwala / ukuphela

ciets / mīksts
ubunzima / ukuthamba

smags / viegls
ukusinda / ukubalula

izsalkums / slāpes
ukulamba / ukoma

slims / vesels
ukugula / ukuba umqemane

nelegāls / legāls
ngokomthetho / okungekho emthethweni

inteliģents / dumjš
ukuhlakanipha / isiphukuphuku

kreisais / labais
isinxele / esokudla

tuvu / tālu
eduze / kude

pretstati - izinto ezingafani

jauns / lietots
kusha / sekusebenzile

nekas / kaut kas
utho / okuthile

vecs / jauns
okudala / okusha

ieslēgts / izslēgts
vuliwe / kucishiwe

atvērts / slēgts
vula / vala

kluss / skaļš
kuthulekile / kunomsindo

bagāts / nabags
ukuceba / ubumpofu

pareizi / nepareizi
kulungile / akulungile

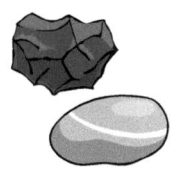

raupjš / gluds
kugadlazekile / kuyashelela

noskumis / laimīgs
dabuka / jabula

īss / garš
kufishane / kude

lēns / ātrs
kuyanensa / kuyashesha

slapjš / sauss
ukuba manzi / ukoma

silts / vēss
ukufudumala / ukuphola

karš / miers
ukulwa / ukuthula

pretstati - izinto ezingafani

skaitļi
izinombolo

0
nulle
uziro

1
viens
kunye

2
divi
kubili

3
trīs
kuthathu

4
četri
kune

5
pieci
kuhlanu

6
seši
isithupha

7
septiņi
isikhombisa

8
astoņi
isishiyagalombili

9
deviņi
isishiyagalolunye

10
desmit
ishumi

11
vienpadsmit
ishumi nanye

12
divpadsmit
ishumi nambili

13
trīspadsmit
ishumi nantathu

14
četrpadsmit
ishumi nane

15
piecpadsmit
ishumi nanhlanu

16
sešpadsmit
ishumi nesithupha

17
septiņpadsmit
ishumi nesikhombisa

18
astoņpadsmit
ishumi nesishiyagalombili

19
deviņpadsmit
ishumi nesishiyagalolunye

20
divdesmit
amashumi amabili

100
simts
ikhulu

1.000
tūkstotis
inkulungwane

1.000.000
miljons
izigidi

skaitļi - izinombolo

Valodas
izilimi

angļu
isiNgisi

amerikāņu angļu
isiNgisi saseMelika

ķīniešu mandarīnu valoda
isiMandarin saseShayina

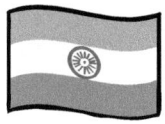

hindi
isiHindi

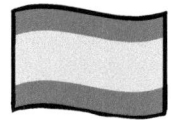

spāņu
iSpanishi

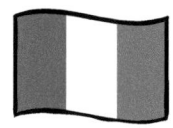

franču
isiFulentshi

arābu
isi-Arabhu

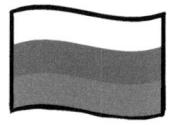

krievu
isiRashiya

portugāļu
isiPutukezi

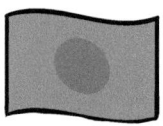

bengāļu
isiBengali

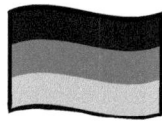

vācu
isiJalimane

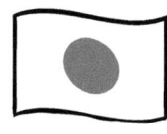

japāņu
isiJapane

kas / ko / kā
ubani / ini / kanjani

es
Mina

tu
wena

viņš / viņa
u / u / ku

mēs
thina

jūs
nina

viņi / viņas
bona

kas?
ubani?

ko?
ini?

kā?
kanjani?

kur?
kuphi?

kad?
nini?

vārds
igama

kur
kuphi

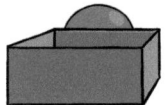

aiz
ngemuva

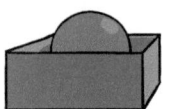

iekšā
ngaphakathi

priekšā
phambi kwe

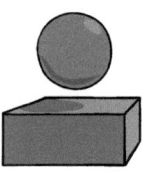

virs
phezulu

uz
ngaphezulu

zem
ngaphansi

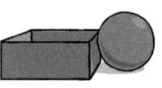

blakus
eceleni

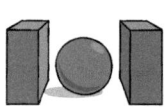

starp
phakathi

vieta
indawo